RÉCIT VERITABLE

DE CE QVI C'EST NOVuellement passé en la Prouince de Bretagne, depuis le depart du Roy.

Ensemble les signes & Merueilleux Prodiges apparus en l'air, tant à l'entour de la ville de Nantes, Sainct Malo, & autres lieux, les 7. & 10. Septembre dernier.

Auec l'explication d'iceux aux affaires de ce temps.

Le tout Recueilly suiuant les differens rapports, faict à la Cour par des personnes de qualité.

57

A PARIS,

Chez NICOLAS de MOMMIRAL, ruë Chartiere.

M. DC XXVI.

RECIT VERITABLE DE CE QVI CEST PASSE en la Prouince de Bretagne, depuis le depart du Roy.

Ensemble les signes & Prodiges, nouuellement apparus en l'air, tant à l'entour de la ville de Nantes qu'autres lieux, le 7. & 10. Septembre dernier.

Auec l'explication d'iceux aux affaires de ce temps.

Le tout recueilly suiuant les diuers rapports, faict à la Cour par des personnes de qualité.

DEPVIS que le Roy & toute sa Cour est partie de sa bonne ville de Nantes, il c'est trouué dans la basse Bretagne des personnes, au suject dequelques mescontentement qui ont faict semblent leur vouloir assembler, & par ce moyen apporter quelques troubles en ces cartiers. Mais comme Dieu ne permet iamais que les sujects puissent en façon quelconques s'esleuer à l'encontre de leur Roy & Prince Souuerain, leur a faict à mesme instant ésuanouïr le courage du cœur, & les armes de la main.

D'autre part la memorable punition explaire du Compte de Challais, & les tres-grands dãgers dans lesquels ils pouroient se voir perdre par les effects de la iuste, & équitable Iustice de nostre grand LOVYS le Iuste les a aussi incontinent faict soubmettre sous le ioug de l'obeïssance; que tres-legitimement ils doiuent à sa Majesté. De telle sorte que pour le present ils ne se trouue aucunes personnes en toutes les Prouinces & Villes de ce Royaume qui ne respirent autre choses que de manifester leur fideliré, & tres-humbles seruices à leur Prince souuerain LOVYS XIII.

Disons donc & confessons que la France, & que la race de S. Louys a des graces des faueurs du Ciel, & des prerogatiues non communiquee a aucun Empire, ny a aucun Prince Souuerain, ne soyons donc point ingrat de tant de benefices, entre lesquels c'est de nous auoir donné de bons Rois successeurs de ce grand Sainct, & mesme nostre grand Salomon, capable, s'y nous luy sommes aussi fidelles qu'il l'est heureusement bien digne d'esleuer sa France au plus illustre sommet d'honneur & de gloire, que les siecles passez ne l'ont veuës, les Anges tuteurs & protecteurs des Rois bailleront tousiours les des-aduentages à tous ceux qui luy voudroient estre infidelle, ce ſont des cõſiderations fermes & fortes pour retenir les eſprits plus foibles à ne point abuſer de la bonté & clemence de noſtre Roy, ains demeurer dans les termes d'vne tres-humble & fidelle obeïſſance.

Pour monſtrer dauantage, comme grand Monarque du Ciel & de la terre (vray protecteur des puiſſances ſouueraines) ayme & cherit ſon cher Louys, comme le fils ayné de ſon Egliſe, c'eſt que ſa Diuinité à permis aux aſtres de faire quelque demonſtrations qu'il l'auoit a deſdain toutes les pernicieuſes entrepriſes & cõſpiratiõs, que l'on pouuoit ſecrettement machiner cõtre ſon fauory & ſon oingt, ce que nous pouuons apparemment cognoiſtres par les ſignes & prodiges que nouuellement, ſont apparus en diuers cartiers de la France, deſquels en peu de mots ie feré le narré ſelon les diuers recits, que plusieurs personnes de qualité ont faict à la Cour.

Les signes & prodiges ne peuuent estre, sans signifier quelque choses de sinistres & accidents, principallement sur les effects des conspirations estranges, comme estans Ambassadeurs de ce grand Dieu, les pieds de l'aine de sa Diuinité sont quasi arriuez au termes de leur chemin, & semblent des-jà eschauffer sa patience pour la mettre en courroux. Il est temps ou iamais de craindre son bras de fer, & d'apprehender des chastiments, d'autant plus grand & preiudiciable à nos testes, que sa patience a esté grande & qu'elle se recognoist en l'execution de sa Iustice.

Ses coups de fouets qui sont autant de heurs qu'à receu la France, & ce pendant ont estez mesprisez, qu'aprehenderons nous de-sormais que le fracaſſement de nos teſtes, l'abiſme de nos perſonnes, & la perte de nos vies.

Il eſt vray diſ-je encore de rechef que ce grand Roy de l'Vniuers a touſiours eſté protecteur & conſeruateur de la Couronne Françoiſe, de telle ſorte que tous ceux qui ſeront ſi temeraires que de vouloir tant ſoy peu heurter cõtre ſon authorité ſeront incontinẽt deſuoyez de leurs damnables, & pernicieuſes intentions, ſi bien que nous ne pouuons iuger autre choſe de l'apparition de ces ſignes & prodiges, que c'eſt vn manifeſte teſmoignage que le Roy des Rois veille ſur noſtre Prince, puis que nous voyons que ceux qui vouloient faire de la France vne Affricque plaine de monſtres, & la rendre en ſa premiere diformité, ſont pour la permiſſion Diuine deſcouuerts de telles ſortes que nous ne pouuons rien craindre de tous ces perturbateurs de l'Eſtat.

Pour briefuement vous d'escrire quels ont estez lesdicts signes & merueilleux prodiges, comme i'ay desja dit qui ce sont apparus nouuellemét en diuers cartiers de la France. C'est que depuis le partemét de sa Majesté de la Prouince de Bretagne. Plusieurs personnes de qualité disent que la nuit du 7. de ce mois, sur les deux à trois heures apres minuit il c'est apparu en l'air aux lieux circonuoisins de la ville de Nantes, comme la figure d'vn grand croisan de couleur azurée, au milieu duquel y auoit la figure d'vne croix fort lumineuse & esclairante, & au dessus d'icelle sembloit veoir vne estoille qui surpassoit en clarté les rayons de tous les autres flambeaux Celestes, & que de ceste estoille sortoit des eslancements de feu qui faisoient dissiper tous les nuages qui sembloient s'approcher de ladicte Croix.

Sur cet esmerueillable prodige l'on ne sçauroit dire autre chose, sinon que le Gouuerneur de la Machine ronde qui a pour singuliere recommendation le Royaume François, qu'il fera esuanouyr tous les bourasques qui voudroient apporter des ombrages à la lueur, & tranquillité de son Estat.

Et d'autre part que nostre Alexandre François, en recognoissances de tant de graces & benefices qu'il reçoit de son infinie bonté, fera semblablement dissiper (comme fils aisné de son Esglise, & protecteur des Autels de son conseruateur) tous les nuages d'heresies qui se voudroient opposer à la grandeur de son Dieu, & qu'en ceste bonne volonté il croistra en toutes sortes de benedictions & prosperitez

Le 4. de ce mois sur les vnze heures à minuit, il est apparu en l'air pres de la ville de S. Mallo en Bretagne, comme la figure de deux escadrons de gens-darmes à cheual, qui sembloient à voir se vouloir ioindre les vns contre les autres, comme l'on voit le plus souuent ioindre naturellement deux nuées; & vn peu apres l'on a veu apparoir au milieu de ces deux escadrons, comme vn gros globe de feu ardant au milieu duquel estoit approchant la figure d'vne fleur de Lys de couleur bleu celeste, & cette figure de globe ainsi comme dit est en feu, n'eust pas apparu vn cart d'heure de plus en plus lumineux, que ces deux escadrons se dispercerent tres-effroyablement en tourbillons de feu, de telle sorte que pour lors l'on n'eust dit que le Ciel & la terre estoient tous embrasez, ce qui ne fut sans donner vn tres-grand espouuantement à toute ceste contrée.

Monsieur le Cheualier de sainct

Maurice en Anjou a raconté à plusieurs Seigneurs de qualité de la Cour que descendant par batteau sur la riuiere de Loyre, que la nuit du dixiesme de ce mois de Septembre, sur les vnze ou enuiron de nuit il vid (comme aussi toute sa compagnie) apparoistre en l'air quantité de nuée rougeastre, en formes de figures de diuers animaux tant ariés que terrestre & que souuentesfois il sembloit auoir ces dites nuées rougeastres se vouloient s'approcher de la Lune qui pour lors estoit fort claire, & offusquer sa lumiere, & qu'incontinent que cesdictes nuée rouge qui estoient assez apparentes à cause du serain & calme de la nuict s'approchoient de la Lune se dispersoient en vn neant, de telle sorte que l'on ne voyoit plus rien.

Apres la definition de l'apparition de la figure de ces animaux ils veirent la Lune plus claire & lumineuſe que iamais eſtant entouree comme d'vn grand Chappellet d'eſtoilles fort reſplendiſſantes , leſquelles eſtoilles par fois s'eſlançoient d'vn coſté & d'autre (comme l'on voit ordinairement faire les fuſee d'artifice) à l'encontre de tres groſſe nuée noires & epoiſſent, leſquelles par le moyen des eſlancements de ces eſtoilles en feu eſtoient diſpercée en vne milliace de petits nuages fort eſloignez de la lune, cependant ce chapellet d'eſtoilles qui eſtoit à l'entour de ladicte lune continuoient touſiours de plus en plus leur clarté, & dura ceſte façon de faire l'eſpace de deux heures & demie, ou enuiron que le tout ſe diſparut.

Cette choſe non accouſtumee de veoir donna de l'admiration, & de l'eſtonnement à toute la compagnée du baſteau, & particulierément au Patron d'iceluy, qui declara que depuis trante cinq à quarante ans qu'il faict profession de Nauiger sur la riuiere de Loyre qu'il auoit veu assez de signes en l'air, mais qu'il n'en auoit iamais veu de si esmerueillables.

N'estoit-ce pas cela de manifeste apparence que Dieu nous faict voir à celle fin de donner de l'effroy & de la crainte à ceux qui sont si tameraire que de vouloir attéter contre l'autorité des Puissances Souueraines, & que reconnoissant les grands effects de Dieu ils r'entrent dans les termes de l'obeyssance, que tres-legetimement ils doiuent à sa Maiesté.

Dieu sçait choisir les siens pour les œuures qui luy sont aggreables : entre lesquels cette redítte ne doibt estre ennuyeuses, l'vne & principale, apres le seruice de Dieu est celuy du Roy, la viue image de sainct Louys, l'image de

Henry le Grand, ses triomphes, ses victoires, ses Royalles actions, le restablissement de l'Estat, tant & tant de merueilles concurrante à nostre bonheur, en sa vie nous doiuent tous obliger à ne recognoistre autre consideratiō des douces influēces que le Ciel verse sur nous, sur nos familles, & sur nos heritages, que pour estre bien vnis au seruice du Roy, l'oingt du Seigneur, cōme bien informez par mouuemēt du S. Esprit, que c'est ce second Salomon auquel Dieu à pris son bon plaisir: Dieu n'ayme que ceux qui sont les plus assidus & plus frequens à luy demander: n'espargnōs donc point nos vœux, nos prieres, nos souspirs & les flames de nostre amour pour prier le Roy des Roys, de luy donner la pieté de Dauid, la sapience de Salomon & les benedictions que la Sapience diuine n'a iamais denuée à ceux qui ont perſeueré en la voye de ſes volontez.

F I N.

www.ingramcontent.com/pod-product-compliance
Lightning Source LLC
LaVergne TN
LVHW052042160826
845678LV00003B/1496
9782329631622